Por Javier Maza

Guía Práctica De Inmigración

SGL PUBLISHING
INCORPORATED
P.O. Box 56-5265, Miami, Florida 33256

Guía Práctica De Immigración
Copyright © 2003, 2004 by SGL Publishing, Inc.

International Standard Book Number: 0-9747104-0-7

Printed in the United States of America
First Printing: May 2004

Aviso de Responsabilidad Legal
El único objeto de esta publicación es ofrecer una visión
general de determinados de asuntos comúnmente asociados
con las leyes de inmigración de los Estados Unidos. La casa
editorial no hace declaraciones con respecto al contenido del
presente y específicamente niega cualquier responsabilidad en
cuanto a cualquier garantía implícita o expresa de
comerciabilidad o de idoneidad para algún uso, aplicación o
propósito en particular.

Este libro ha sido publicado con fines informativos solamente y
no pretende constituir asesoramiento jurídico. Debido a que la
ley cambia rápidamente, la casa editorial no puede garantizar
que toda la información impresa en el presente esté
actualizada. Este libro se vende con el entendimiento de que la
editorial no ofrece servicios legales ni otros servicios
profesionales. Si se requiere asesoramiento jurídico o alguna
otra asistencia técnica, se deben solicitar los servicios de un
abogado colegiado.

Legal Disclaimer
Todos los derechos están reservados. Ninguna parte de este libro
puede reproducirse o trasmitirse en forma alguna mediante
ninguna vía, ya sea electrónica o mecánica, incluso fotocopia,
grabación o cualquier sistema de almacenamiento o extracción
de información, sin un permiso por escrito de parte del editor,
salvo para incluir breves citas en una reseña sobre el libro.

Published by:
SGL Publishing, Inc.
P.O. Box 56-5265
Miami, Florida 33256-5265
www.sglpublishing.com

Graphic Design by Ricardo Delgado

Indice

Introducción

La faz de América está cambiando. Llegó el siglo 21 y la población en los Estados Unidos crece y cada día se diversifica más. Ello responde a una serie de factores:

- La inmigración hacia los Estados Unidos ha aumentado considerablemente en los últimos 20 años. El ingreso de inmigrantes legales en los ˙90 fue más del doble de los ˙70.
- Cerca de la mitad de los 28.4 millones de extranjeros que residen en los Estados Unidos nacieron en América Latina.
- En los últimos diez años la mayoría de inmigrantes hacia los Estados Unidos (51%) vino de Latinoamérica.
- En Los Angeles y Miami, dos de los cinco polos de atracción más importantes para los inmigrantes en los Estados Unidos, los latinoamericanos representan no menos de la mitad de la población nacida en el extranjero.
- Si la inmigración continúa creciendo al ritmo actual, para el 2050 los Hispanos serán la minoría étnica más grande del país (22%).

Los Estados Unidos han crecido y se han beneficiado con el esfuerzo y aporte de los inmigrantes a lo largo de la historia. Millones llegaron a nuestras costas hace siglos en busca de una oportunidad y hoy, millones lo siguen haciendo.

La *Guía Práctica de Inmigración* es un libro que en forma clara y resumida explica cómo acceder a los beneficios migratorios más importantes en los Estados Unidos. De gran utilidad para los nuevos inmigrantes, La *Guía Práctica de Inmigración* es el primer libro de la serie editorial ***Aprendiendo a Vivir en los Estados Unidos,*** dirigida especialmente a la comunidad hispana y publicada por SGL Publishing, Inc. (www.sglpublishing.com)

Este libro le será de gran utilidad informativa, no importa cuál sea su condición migratoria en los Estados Unidos en estos momentos. Aún siendo usted sólo un turista, quien regresará a su país en pocos días, nunca sabe si en un futuro cercano usted o algún miembro de su familia deseará – o se verá obligado por las circunstancias - inmigrar a los Estados Unidos. Y si usted vino para quedarse por más tiempo, encontrará que esta publicación tiene una inmediata utilidad para usted y su familia.

Este libro, el primero de una serie cuyo propósito como su título general lo indica, es darle información práctica al nuevo inmigrante para adaptarse mejor a su nueva vida en los Estados Unidos, **no** reemplaza el consejo autorizado y casi siempre necesario de un buen abogado de inmigración. Nuestra primera recomendación, si ha pensado pedirle consejo a alguien más, es que ese "alguien" sea un abogado de inmigración y **no** un familiar, amigo o tramitador. Hay mucha gente bien intencionada pero absolutamente ignorante de las complejas leyes de inmigración norteamericanas y también hay individuos que lo único que saben es cobrar por llenar formularios de inmigración sin importar las consecuencias para usted y su familia. Muchísimas familias latinoamericanas que podrían haber encontrado solución a sus problemas de inmigración en los Estados Unidos se ven de pronto en proceso de deportación porque no fueron asesoradas por profesionales, o porque cayeron en las manos de "estafadores profesionales." Este libro también le ayudará a plantear preguntas más consistentes y de fondo a su abogado de inmigración. Le dará un conocimiento básico sobre los diferentes caminos que tiene un inmigrante para establecer sus raíces en los Estados Unidos.

El Servicio de Inmigración (INS) ha desaparecido y en su lugar se ha creado el *Citizenship and Immigration Service* (CIS, Servicio de Ciudadanía e Inmigración) que es parte del nuevo *Department of Homeland Security* (DHS, Departamento de Seguridad Nacional), cambios introducidos por la administración del presidente George W. Bush como consecuencia de los atentados terroristas del 11 de septiembre del 2001.

Además de cambios en los procedimientos que dejó establecidos el INS el control e investigación de los solicitantes de cualquier tipo de beneficio migratorio - residencia, asilo, ciudadanía, etc. - es ahora mucho mayor que antes. Pero los cambios no sólo afectan a quienes vienen a residir. Por ejemplo, toda persona que ingrese a territorio de los Estados Unidos, aunque solo sea en tránsito por un par de horas para conectar a un vuelo trasatlántico, debe ahora obtener perviamente una visa. Y a partir de enero del 2004 a toda persona que ingrese como visitante, por ejemplo en viaje de turismo o negocios, se le toman fotografía y huellas digitales a su llegada. Hoy más que nunca hay razones para estar bien enterados de cómo son y están cambiando los procedimientos de inmigración en este país.

1 VISAS DE NO INMIGRANTE

Se definen como visas de no inmigrante (*non inmigrant visas*) aquellas que conceden al solicitante el beneficio de permanecer en los Estados Unidos por un tiempo limitado. Dependiendo de la clase específica de visa no inmigrante, el beneficiario podrá trabajar en el país, estudiar, pedir su clasificación bajo otro tipo de visa, etc.

Existen, hasta el momento, 26 diferentes clases de visas de no inmigrante. Muchas de ellas son categorías cerradas, muy específicas y dedicadas a ciertos grupos ocupacionales, tales como la A1 que es para personal diplomático y la P1 para artistas y deportistas.

Pero en este capítulo vamos a referirnos a las categorías de visa temporal más amplias: la B1/B2 (más conocida como "visa de turista"), H1B (profesional), F1 y M1 (estudiante) y L1 (traslado de ejecutivo internacional).

B1/B2 – Visa de turista

1. Llegué como turista. ¿Qué clase de visa tengo?

Si usted pidió visa de turista en el consulado norteamericano en su país usted obtuvo una visa **B1/B2**. La B1 es utilizada por viajeros de negocios y la B2 es la típica visa de turista. Antiguamente, esta visa podía otorgarse por períodos que oscilaban entre tres meses y un plazo indefinido ("visa indefinida"). Ahora, el plazo máximo de duración de esta visa es diez años.

2. Mi visa de turista es válida por 10 años. ¿Puedo permanecer en los Estados Unidos por ese tiempo?

No. Usted puede permanecer en los Estados Unidos únicamente por el tiempo que le ha sido autorizado por el oficial del CIS (antes INS) que revisó sus documentos de viaje al entrar a los Estados Unidos y le selló una tarjeta blanca denominada I-94. Su permanencia máxima en los Estados Unidos puede variar entre uno y seis meses. La decisión depende únicamente del funcionario del CIS que lo entreviste al llegar al aeropuerto y no del consulado norteamericano que le concedió la visa. Eventualmente usted podrá solicitar que le extiendan su estadía

Su permanencia máxima en los Estados Unidos puede variar entre uno y seis meses.

1

temporal, utilizando el formulario I-539, siempre y cuando lo haga **antes** que expire el plazo de estadía autorizado en su tarjeta I-94. Normalmente el CIS le podrá conceder entre uno y seis meses más de estadía como máximo.

3. ¿Qué es el programa de "Visa Waiver"?

Es un programa especial del Departamento de Estado que exonera a los nacionales de ciertos países del requisito de visa para poder ingresar como visitantes temporales a los Estados Unidos. Al momento de imprimirse este libro, ningún país de Latinoamérica está incluido en este programa. Anteriormente lo estuvieron Argentina y Uruguay. Aún así las nuevas regulaciones exigen ahora a los ciudadanos de los países exonerados de visa utilizar pasaportes codificados, similares a los norteamericanos, para ser "leídos" por las computadoras del CIS en los puertos de entrada a los Estados Unidos.

*Con la visa
B1/B2, usted
no puede
trabajar ni
estudiar.*

4. ¿Qué puedo hacer bajo el estatus de la visa B1-B2?

Usted puede pasear, realizar juntas de negocios, participar en seminarios y conferencias, y visitar ciudades dentro de los Estados Unidos. Pero usted **no** puede trabajar ni estudiar con esta visa.

5. ¿Qué puedo hacer si quiero trabajar o estudiar?

Deberá explorar la posibilidad de obtener otra clase de visa que lo permita. Usted puede solicitarla mientras esté legalmente en los Estados Unidos pero hay que seguir un procedimiento que se explica más adelante en este capítulo.

6. Conozco algunas personas que llevan viviendo varios años en los Estados Unidos, sólo tienen visa de turista y trabajan. ¿Por qué no puedo yo hacer lo mismo?

Esas personas que usted menciona han violado las leyes de inmigración de los Estados Unidos y corren el riesgo de ser detenidas y deportadas en cualquier momento. La pregunta que esas personas deben hacerse cada día, no es si serán o no detenidas por inmigración sino **cuándo** serán detenidas. Su visa de turista es un privilegio. Millones la piden en Latinoamérica y sólo unos pocos la obtienen. No la desperdicie ni abuse de ella. Utilícela con inteligencia para encontrar, legalmente, caminos que lo lleven a convertirse en residente o trabajador temporal si ese es su deseo. Además de las restricciones mencionadas hay otros privilegios, tales como obtener una licencia de manejar, que están fuera del alcance de los inmigrantes ilegales. No

Su visa de turista es un privilegio. Millones la piden en Latinoamérica y sólo unos pocos la obtienen.

1

tener licencia de manejar (*driver license*) en los Estados Unidos no sólo implica una tremenda limitación práctica, depender del transporte público, sino que pone fuera del alcance del afectado el más valioso y efectivo documento de identidad que se utiliza en los Estados Unidos.

7. ¿Acaso no es mejor trabajar como ilegal en los Estados Unidos que padecer tantos problemas en Latinoamérica?

Usted puede tener el legítimo deseo de buscar mejores oportunidades en los Estados Unidos, para usted y su familia. Pero convertirse en ilegal no lo ayudará en nada. Es como si a un enfermo de cáncer solo le dieran analgésicos para calmar su dolor. Le ayuda, ciertamente, pero no es suficiente. En determinado momento, tarde o temprano, la enfermedad ganará la batalla si no recibe un tratamiento especializado. De igual manera, el trabajador ilegal encuentra severas limitaciones, tales como no obtener licencia de manejo, seguro para el automóvil, etc.

El trabajador ilegal encuentra severas limitaciones.

8. ¿Cómo se puede ver limitada mi vida si trabajo ilegalmente en los Estados Unidos?

Primero, vivirá con la angustia diaria de saber que puede ser detenido en cualquier momento, cuando

1

menos se lo imagine. Segundo, recibirá una paga por debajo del mínimo legal porque los empleadores inescrupulosos se aprovechan de la condición del ilegal. Tercero, tendrá nulas posibilidades de desarrollo profesional porque, para empezar, usted nunca podrá viajar fuera de los Estados Unidos y, dicho sea de paso, Dios no quiera que algún familiar suyo muera o se ponga grave en su país. Cuarto, si vive en la Florida, California o muchos otros estados, no podrá obtener licencia de conducir con todas las consecuencias que ello implica más allá de convertirlo en peatón.

9. Lo que quiero es ganar un dinero, aunque sea trabajando ilegalmente por un tiempo, para luego volver a mi país.

Si usted se queda ilegalmente en los Estados Unidos más de seis meses después de la fecha marcada en su tarjeta I-94, usted no podrá volver a los Estados Unidos durante **tres** años. Si se queda un año o más no podrá volver a los Estados Unidos por **diez** años. Además lo más probable es que al momento de pedir nuevamente una visa de turista en su país le sea negada.

En lugar de adoptar soluciones improvisadas y al margen de la ley, planifique bien el futuro suyo y de su familia. Consulte a un buen abogado de inmigración y vea qué alternativas le ofrece.

En lugar de adoptar soluciones improvisadas y al margen de la ley, planifique bien el futuro suyo y de su familia.

1

10. Tengo algunos amigos y familiares que utilizan documentos falsos para trabajar y no les ha pasado nada.

No les ha pasado nada **todavía**. Sus amigos y parientes deberían darse cuenta que la historia en los Estados Unidos cambió **drásticamente** el 11 de septiembre del 2001 y que en estos momentos se están creando e implementando los mecanismos de seguridad interna para poner al descubierto, precisamente, este tipo de situaciones. Lo que ellos no saben es que cuando sean detenidos serán acusados de fraude, por utilizar documentos falsos. Un trabajador ilegal cuando es sorprendido por las autoridades es detenido y se le inicia proceso de deportación. Pero si el ilegal tiene en su poder, además, documentos falsos tales como tarjetas del seguro social y permisos de trabajo o *green cards* falsas, ha cometido delito de fraude y en ese caso también será deportado pero primero deberá pasar un tiempo en la cárcel. Es malo estar indocumentado, pero mucho peor convertirse en **criminal**. Si usted utiliza documentos falsos está cometiendo fraude y el fraude es un crimen muy serio en los Estados Unidos, más aún ante los ojos del CIS. Quien mal comienza, mal acaba.

Si usted utiliza documentos falsos está cometiendo fraude y el fraude es un crimen muy serio en los Estados Unidos.

Visa H1B – Profesional

La visa de no inmigrante H1B, llamada también "visa de profesional", debe ser solicitada por una empresa norteamericana que desee contar con los servicios temporales de un profesional que tenga el grado de bachiller universitario (*bachelor*), equivalente a un mínimo de cuatro años de estudios superiores o, que tenga unos doce años de experiencia profesional documentada. La visa debe ser pedida ante el CIS por la empresa contratante. En general su empleador deberá comprometerse a pagarle un salario por encima del promedio, dado que esta visa corresponde a profesionales calificados. El trámite se inicia en el Departamento de Trabajo, donde el empleador debe presentar un *Labor Condition Application, LCA* (Solicitud de Condiciones de Trabajo) y una vez aprobado continúa luego en el CIS (inmigración).

11. **He trabajado durante muchos años como gerente de diferentes empresas en mi país. Soy administrador, egresado de una importante universidad pero nunca obtuve mi grado de bachiller ni mucho menos el título profesional de licenciado en administración. ¿Puedo obtener una visa H1B?**

Es posible. El principal requisito para obtener esta

1

visa es poseer un grado de bachiller (cuatro años de estudio) o *su equivalente* en nivel de experiencia profesional documentada. Usted puede suplir, eventualmente, su deficiencia de nivel académico con años de trabajo. En los Estados Unidos hay empresas que evalúan sus credenciales, experiencia y estudios, para determinar cuál es su "valor" profesional y ver si se ajusta a los requerimientos de esta visa. Su abogado de inmigración lo puede orientar al respecto.

12. ¿Hay profesiones deficitarias en los Estados Unidos?

Una ley reciente del Congreso redujo drásticamente, el número de visas H1B disponible para el año fiscal 2004, pasando de 195,000 a tan solo 65,000.

Ciertamente. Así se llama a las profesiones con más demanda que oferta de mano de obra. Hace un par de años, por ejemplo, el Congreso de los Estados Unidos autorizó ampliar el número anual de visas en la categoría H1B para atender la creciente demanda de profesionales en tecnología de la informática. Hay otras profesiones que han sido históricamente deficitarias en los Estados Unidos, tales como las de enfermería y fisioterapia. Aún así, una ley reciente del Congreso redujo drásticamente, a la tercera parte, el número de visas H1B disponible para el año fiscal 2004, pasando de 195,000 a tan solo 65,000.

13. He venido con visa de turista. Pero quiero explorar la posibilidad de que una empresa solicite una visa H1B para mí. ¿Puedo hacerlo?

Puede hacerlo y, de hecho, esa es una forma inteligente de aprovechar su visa de turista. Usted puede contactarse con empresas que pudieran estar interesadas en sus servicios profesionales. Recuerde que es una empresa la que debe pedir la visa H1B para usted, *no usted* directamente. Tenga a la mano su título profesional y una copia traducida oficialmente al inglés además de copias en inglés de cartas de referencia y experiencia, libros o artículos publicados por usted y certificados de participación en seminarios y conferencias sobre su especialidad. Usted debe presentar documentación suficiente que acredite su preparación y experiencia profesional. Si la empresa decide solicitar una visa para usted, póngase de acuerdo de antemano con su futuro empleador sobre cómo serán pagados los honorarios de los abogados de inmigración. Normalmente, esos gastos son asumidos por ambas partes.

Recuerde que es una empresa la que debe pedir la visa H1B para usted, no usted directamente.

14. Una empresa ha pedido una visa H1B para mí. ¿Qué debo hacer por ahora?

Esperar. El abogado que hará este trámite para su futuro empleador se pondrá en contacto con usted y su empresa tan pronto reciba la carta aprobatoria del CIS. Esto puede demorar unos seis meses o más. Si usted está amparado aún por su visa de turista, es decir aún está autorizado para permanecer en los Estados Unidos según lo indica su tarjeta I-94 cuando la solicitud es presentada, puede esperar a que el trámite se complete en los Estados Unidos aunque su I-94 caduque durante la espera. Si los plazos se cumplen a tiempo no será necesario salir de los Estados Unidos para cambiar su estatus de visitante temporal a trabajador temporal. En su próxima salida de los Estados Unidos **sí** deberá obtener el sello de la visa correspondiente en su pasaporte en el consulado norteamericano.

15. ¿Qué pasa si debo salir de los Estados Unidos antes que inmigración haya aprobado mi solicitud de visa H1B?

En ese caso deberá esperar fuera de los Estados Unidos hasta que el CIS apruebe, o no, su solicitud.

16. Una empresa quiere contratarme con urgencia. ¿Cómo puedo acelerar el trámite?

Su empleador puede solicitar al CIS un "premium processing" que reducirá el trámite a 15 días.

Su empleador puede solicitar al CIS un *"premium processing"* que reducirá el trámite a 15 días, en lugar de los seis meses que toma en promedio el trámite regular, y a un costo de US $1,000.00 (mil dólares americanos).

1

17.

Debo volver a mi país a esperar allí la aprobación de mi visa H1B. ¿Qué debo hacer?

Su abogado se comunicará con usted cuando inmigración haya aprobado su H1B y le hará llegar el documento respectivo, denominado I-797. Con dicho documento usted deberá solicitar que le sellen su visa H1B en el pasaporte ante el consulado norteamericano de su país. No haga preparativos de viaje, ni renuncie a su empleo o compre pasajes en tanto el consulado no le selle la visa H1B. Recuerde: aunque el CIS haya aprobado su petición, es competencia y atribución del funcionario consular norteamericano decidir si le concede o no la visa. Igualmente, aunque ya tenga la visa, es competencia y atribución del inspector de inmigración en el aeropuerto norteamericano decidir si usted es o no es admisible en los Estados Unidos. Las decisiones en su momento, de ambos funcionarios, son definitivas.

Aunque el CIS haya aprobado su petición, es competencia y atribución del funcionario consular norteamericano decidir si le concede o no la visa.

1

18. ¿Por cuánto tiempo es válida la visa H1B?

Se puede pedir por tres años y puede ser renovada por otros tres más. Pero a los seis años concluye. Recuerde que esta es una visa **temporal**. Sin embargo si usted tiene un trámite de residencia pendiente por un año o más es posible solicitar la extensión de la H1B por un séptimo año. También puede empezar el trámite para obtener un *Labor Certification* (Certificación Laboral) mientras esté vigente su H1B.

19. ¿Qué ocurre con mi esposa y mis hijos?

Su cónyuge e hijos pueden solicitar una visa H4. Ellos podrán vivir, entrar y salir de los Estados Unidos pero **no** podrán trabajar. Sus hijos podrán ir a la escuela. La visa H4 será válida en tanto su H1B esté vigente y sus hijos sean menores de 21 años. Si su cónyuge también es profesional y califica bajo los requisitos que hemos explicado puede buscar un empleador que le ayude a conseguir su propia H1B y cambiar de estatus legal.

Recuerde que la H1B es una visa temporal.

20. ¿Qué pasa si decido cambiar de empleador?

En ese caso su nuevo empleador deberá hacer el trámite respectivo ante inmigración. En este caso aplicarán las mismas condiciones y requisitos de cuando solicitó la visa H1B por primera vez.

21. ¿Qué pasa si mi empresa cierra o hay despidos y no consigo otra oferta de empleo similar?

Su empleador está obligado, por ley, a notificar a inmigración de cualquier cambio de esta naturaleza y si usted no consigue otro empleador interesado en auspiciar su contratación se quedará sin su visa H1B y será notificado para salir de los Estados Unidos en un breve plazo. Tenga en cuenta que con una visa H1B usted sólo puede trabajar para el empleador que pidió su visa. Una visa de profesional **no** es un permiso de trabajo. Si su empleador da por concluido el contrato de trabajo antes de que expire la validez de su visa H1B deberá ayudarlo, por ley, a cubrir sus pasajes de regreso a no ser que usted se reubique (ver pregunta #19).

22. ¿Puedo obtener residencia permanente con una visa H1B?

Si bien la H1B es una visa temporal, usted puede iniciar los trámites para obtener un *Labor Certification* (Certificación Laboral), si se dan las condiciones, mientras trabaja con esta visa y eso

Su empleador está obligado, por ley, a notificar a inmigración de cualquier cambio de esta naturaleza.

1

sí lo llevará a la residencia permanente. Esto se explica en el capítulo siguiente.

23. Teniendo una visa H1B, ¿puedo obtener licencia de conducir y tarjeta de seguro social?

Sí. Su tarjeta de seguro social, que utilizará entre otras cosas para abrir cuentas bancarias, establecer su crédito y pagar impuestos, llevará anotada una restricción de validez de acuerdo a la vigencia de su visa. Su licencia de conducir, si es emitida en la Florida, tendrá la misma vigencia que su visa.

24. Soy enfermera. ¿Es cierto que hay una visa profesional, tipo "H," especial para mí?

La visa H1C, para enfermeras, tiene validez por tres años y no es renovable.

Usted como enfermera puede obtener una visa H1C. El procedimiento para obtenerla, en general, es parecido al de la H1B; un empleador deberá solicitarla para usted pero además deberá cumplir con una serie de requisitos muy rigurosos para poder ejercer como enfermera en los Estados Unidos, entre ellos aprobar el examen de suficiencia en inglés y obtener licencia estatal para poder ejercer su profesión. La visa H1C tiene validez por tres años y no es renovable.

Visa L1 - Traslado de Ejecutivo Internacional

Esta clase de visa está disponible para ejecutivos (L1A) o trabajadores especializados (L1B) de empresas internacionales que son enviados temporalmente a los Estados Unidos para hacerse cargo o establecer una subsidiaria, sucursal o afiliada. El trabajador en mención debe haber estado por lo menos un año en la empresa principal durante los últimos tres años. A diferencia de la H1B, esta visa no está sujeta a una cuota máxima anual. La visa L1 también es un camino para obtener la residencia permanente.

25. **Soy supervisor de ventas de una empresa exportadora en Colombia desde hace más de tres años. Mi empresa desea que yo establezca y me haga cargo como gerente de una oficina en los Estados Unidos. ¿Califico para obtener una visa L1?**

Sí, pero su empresa deberá cumplir con una serie de requisitos para poder auspiciarlo tales como presentar reportes anuales, carta de fundamentación para su contratación indicando vigencia de su contrato, salario, responsabilidades, contrato de alquiler de oficina, etc.

La visa L1 es un camino para obtener la residencia permanente.

1

26. ¿Qué importancia tiene el nivel del puesto que va a ocupar el empleado que será trasladado a los Estados Unidos?

Es muy importante porque la ley establece, para esta clase de visa, sólo tres niveles de puestos: *gerente, ejecutivo o trabajador especializado.*

27. ¿Mi empresa debe ser muy grande para poder solicitar una visa L1 para mí?

No necesariamente, pero una empresa chica con muy poco personal, mercado y volumen de ventas se encontrará con serias dificultades que no tendrá una empresa con una facturación grande, muchos empleados y representación en varios países y, ciertamente, le será más difícil renovar la visa.

La ley establece, para esta clase de visa, tres niveles de puestos: gerente, ejecutivo o trabajador especializado.

28. ¿Qué visas obtienen mi esposa y mis hijos?

Ellos califican para una visa L2, que les permite vivir, entrar y salir de los Estados Unidos e incluso trabajar si solicitan la autorización correspondiente al CIS. Sus hijos podrán asistir a la escuela en tanto usted conserve vigente su visa L1.

29. ¿Qué duración tiene una visa L1?

La primera vez que la solicite, si su empresa recién se está estableciendo en los Estados Unidos, se la otorgarán por un máximo de un año. La visa L1A puede renovarse sucesivamente por períodos de dos años hasta un máximo de siete años. La L1B es también renovable por períodos de dos años pero por un máximo de cinco años.

30. ¿Qué pasa si mi empresa quiere cerrar la subsidiaria en la que yo trabajo?

Si eso ocurre, su visa L1 y las L2 de su esposa e hijos serán canceladas de inmediato. Sin embargo, antes que eso pase usted tiene la posibilidad de cambiar, por ejemplo, a una visa H1B si una empresa le ofrece empleo y usted califica para esa visa según lo explicamos antes.

La visa L1A puede renovarse sucesivamente por períodos de dos años hasta un máximo de siete años.

Visas F1 y M1- Estudiante

1

Las visas F1 y M1 son solicitadas por las personas interesadas en seguir estudios en los Estados Unidos. La F1 es para estudios académicos (universidad, *college*) y la M1 para estudios vocacionales, más de carácter técnico, y no mayores de un año.

Después de los atentados del 11 de septiembre del 2001 las visas de estudiante hoy están sujetas a severísimos controles por parte de inmigración. Recuérde que algunos terroristas implicados en el ataque a New York tenían esta clase de visas. En la práctica existen ahora mecanismos computarizados de coordinación directa entre inmigración y los centros de estudios (tales como SEVIS, *Student and Exchange Visitors Information System*) para poder identificar a los estudiantes que no están asistiendo a clases, lo que puede originar la cancelación inmediata de la visa y su deportación. Además, la obtención de esta clase de visa exige cumplir con una serie de requisitos tales como la previa aceptación del estudiante por parte de un centro de estudios superiores autorizado por el gobierno para recibir estudiantes extranjeros, demostración documentada que el estudiante cuenta con los fondos suficientes para costear sus estudios durante el primer año y que tiene una fuente de financiamiento asegurada para cubrir los años siguientes.

Recuérde que algunos terroristas implicados en el ataque a New York tenían esta clase de visas.

31. ¿Cuál es la diferencia entre una visa de estudiante F1 y M1?

Ambas son visas de estudiante. La diferencia es que la F1 es para estudios académicos, típicamente en universidades o *college*. La M1 es para cursos o entrenamientos especializados, mayormente de carácter técnico, cuya duración es máximo un año.

32. ¿Cuál debe ser mi primer paso para obtener una visa de estudiante?

Debe, primero, consultar al centro de estudios que a usted le interese asistir si está autorizado por el CIS (inmigración) para recibir estudiantes extranjeros. De no ser así, deberá buscar otro centro de estudios.

33. Vivo en Lima. ¿Qué debo hacer si ya fui aceptado como estudiante por una universidad norteamericana?

Al ser aceptado, dicha universidad le enviará un formulario I-20 con el que usted, a su vez, deberá solicitar su visa de estudiante F1 ante el consulado norteamericano en Lima. En ese momento el consulado le exigirá pruebas de solvencia económica para cubrir sus gastos de estudios.

La F1 es para estudios academicos y la M1 es para cursos o entrenamientos especializados.

1

34. Estoy en los Estados Unidos como turista pero quiero estudiar y una universidad ya me aceptó. ¿Qué debo hacer?

Básicamente lo mismo que en la pregunta anterior: obtener el formulario I-20 con su universidad pero luego deberá llenar el formulario I-539 (puede obtenerlo en www.uscis.gov) para pedir cambio de estatus, de visitante temporal a estudiante. Deberá estar listo para demostrar suficiencia económica para pagar sus estudios. Atención: usted no puede comenzar a estudiar hasta que el CIS le haya aprobado su cambio de estatus a estudiante. Además, si sale de los Estados Unidos, deberá obtener el sello de su visa F1 en el consulado norteamericano de su país para que no tenga problemas al regresar y seguir estudiando. Es recomendable que consulte la página web del CIS (www.uscis.gov) para enterarse de las últimas regulaciones y cambios sobre esta clase de visa en particular.

Es recomendable que consulte la página web del CIS (www.uscis.gov) para enterarse de las últimas regulaciones y cambios sobre esta clase de visa.

35. Con una visa F1 puedo también trabajar, ¿qué es un "OPT"?

Puede trabajar sin necesidad de pedir autorización a inmigración siempre y cuando sea empleo a medio tiempo y dentro de la universidad. Pero al concluir sus estudios puede solicitar un permiso de trabajo a inmigración para participar en lo que se denomina OPT, *Optional Practical Training* (Entrenamiento Práctico Opcional), que le da la posibilidad de trabajar durante un año. Este permiso no es renovable y no le concede privilegio alguno para poder salir y volver a los Estados Unidos. Pero usted puede aprovechar el año de su OPT para encontrar un empleador que quiera pedir una visa H1B o, incluso, un *Labor Certification* para usted.

36. ¿Puedo trabajar con una visa M1?

No. Siendo una visa que sólo le permite estudiar como máximo un año en los Estados Unidos, usted estará impedido de trabajar.

37. ¿Puedo viajar fuera de los Estados Unidos teniendo visa de estudiante?

Puede hacerlo siempre y cuando no se ausente por más de cinco meses. Asegúrese de tener con usted un formulario I-20 vigente, validado por su centro de estudios, antes de salir de los Estados Unidos.

38. Quiero seguir estudios en los Estados Unidos pero necesito una beca. ¿Qué debo hacer?

La solicitud de la beca deberá hacerla directamente

La solicitud de la beca deberá hacerla directamente con la universidad que a usted le interese.

1

con la universidad que a usted le interese. Si usted gana una beca deberá luego completar el trámite de visa de estudiante correspondiente.

39. ¿Cuánto tiempo dura una visa F1?

La visa F1 se mantiene vigente en tanto usted siga siendo estudiante. Esto es, que esté asistiendo regularmente a sus clases y cumpliendo con todas sus obligaciones como estudiante.

40. No hablo inglés. ¿Puedo obtener una visa F1?

Sí, pero únicamente para estudiar inglés en algún centro de enseñanza de idiomas en los Estados Unidos. Si usted no habla suficiente inglés no será admitido en ninguna universidad o centro superior de estudios de los Estados Unidos.

La visa F1 se mantiene vigente en tanto usted siga siendo estudiante.

41. Si obtengo una visa F1 o M1, ¿puede venir mi esposa y mi hijo conmigo?

Pueden hacerlo para lo cual obtendrán una visa F2 o M2, según corresponda. Sin embargo esa visa no les permite trabajar bajo ninguna modalidad. Con esa visa sus hijos, además, pueden asistir a la escuela elemental, intermedia y avanzada.

42. **Estoy siguiendo un curso técnico en los Estados Unidos con una visa M1 pero me interesa luego seguir estudios en una universidad. ¿Puedo hacerlo?**

No puede. La visa M1 no puede "convertirse" en F1.

43. **He terminado un curso técnico con visa M1 y una empresa me ha ofrecido empleo temporal. Para eso necesito una visa H1B. ¿Podré obtenerla?**

No podrá hacerlo si usted quedó capacitado para obtener ese empleo como *consecuencia directa* de los estudios que acaba de concluir. En ese caso su futuro empleador puede iniciar el trámite de una visa H1B, según se explicó antes, pero usted obligatoriamente deberá regresar a su país y esperar allí hasta que el trámite se complete. Pero si usted ya estaba capacitado desde antes para desempeñarse en el puesto que le ofrecen, sí puede hacer el cambio y su futuro empleador deberá solicitar la visa H1B para usted.

La visa M1 no puede "convertirse" en F1.

1

44. Qué pasa si el CIS me niega un cambio de visa, ¿puedo apelar ante una corte o instancia superior?

Si inmigración le niega un cambio de categoría de visa no inmigrante (F1, H1B, L2) usted puede presentar una apelación a través de un proceso administrativo. Para esto deberá proporcionar documentos y evidencias adicionales que justifiquen su reclamo.

Si inmigración le niega un cambio de categoría de visa no inmigrante (F1, H1B, L2) usted puede presentar una apelación a través de un proceso administrativo.

Otras Visas de no Inmigrante

1

Hemos explicado las categorías de visa de no inmigrante más importantes en términos de demanda. Hay sin embargo otras categorías pero que están restringidas a situaciones personales o grupos ocupacionales muy específicos. Acá mencionamos las principales.

Visa A: para embajadores y funcionarios consulares debidamente acreditados ante el gobierno de los Estados Unidos.

Visa C: para extranjeros en tránsito continuo e inmediato por los Estados Unidos. Pueden ser tripulantes de barcos y aviones que están de paso, oficiales de gobiernos extranjeros y sus familiares inmediatos, etc.

Visa D: para tripulantes de barcos y aviones.

Visa E: para inversionistas (E-2) o comerciantes (E-1) de empresas que tienen convenios de comercio y navegación con los Estados Unidos. Vale inicialmente por dos años y puede renovarse, indefinidamente, en tanto el titular de la visa siga trabajando con la misma empresa. Familiares pueden obtener visa de acompañante pero no pueden trabajar. Existe la percepción equivocada de que esta es una "visa de millonario". En realidad la ley no establece una inversión inicial mínima,

La Visa E vale inicialmente por dos años y puede renovarse, indefinidamente, en tanto el titular de la visa siga trabajando con la misma empresa.

1

que pudiera oscilar entre US $50,000 dólares y $120,000 dólares, en tanto el dinero sea suficiente para poder iniciar e impulsar un negocio propio. El titular de la Visa E puede cambiar a Visa H1B o tratar de obtener un *Labor Certification* siempre y cuando sea otra empresa la que lo solicite.

Visa G: para representantes de gobiernos extranjeros.

Visa H-2B: para trabajadores temporales en labores no agrícolas. Se requiere un Certificación Laboral Temporal emitido por el Departamento de Trabajo.

Visa H-3: para entrenamiento profesional, excepto en el campo académico y de la medicina (ver Visa J más abajo).

Visa I: para representantes de la prensa extranjera. El periodista que llega a los Estados Unidos con esta visa puede cumplir con sus actividades profesionales únicamente para el medio extranjero que representa.

Visa J: para personas (desde estudiantes hasta profesionales) que participan en programas de intercambio en los campos de la educación, artes y ciencias, incluyendo medicina. Terminado el programa, el participante debe volver a su país y permanecer allí un mínimo de dos años antes de

El titular de la Visa E puede cambiar a Visa H₁B o tratar de obtener un Labor Certification siempre y cuando sea otra empresa la que lo solicite.

poder solicitar una visa de trabajo temporal o de residencia. Cónyuge e hijos del titular de Visa J pueden obtener Visa J2 que les permite, bajo autorización del CIS, trabajar en los Estados Unidos. Titular de Visa J puede trabajar si el programa en el que participa lo considera.

Visa K1: para novios/novias de ciudadanos norteamericanos que llegan a los Estados Unidos para casarse en un plazo máximo de 90 días.

Visa K3: para cónyuges de ciudadanos norteamericanos que aún no han podido inmigrar a los Estados Unidos. Esta visa les permite poder permanecer y pedir permiso de trabajo en los Estados Unidos mientras el trámite de su residencia se completa. La Visa K4 es para los hijos del titular de la Visa K3.

Visa O: para personas que tienen habilidades "extraordinarias" (así lo establece textualmente la ley) en el campo de las ciencias, artes, educación, negocios, atletismo, cine o televisión.

Visa P: para artistas y deportistas que vienen a presentarse en los Estados Unidos.

Visa Q: para participantes en programas internacionales de intercambio cultural. El titular de esta visa tiene permiso para trabajar si ello está considerado como parte del programa.

Visa Q: para participantes en programas internacionales de intercambio cultural.

1

Visa R: para trabajadores de organizaciones religiosas. Su vigencia inicial es por tres años, se puede extender por otros dos años más y puede conducir a la residencia permanente.

Visa V: en general beneficia a las esposas de residentes permanentes, y sus hijos, cuyas solicitudes de residencia hayan sido aprobadas por inmigración pero no adjudicadas por no haber visas disponibles. Con esta visa pueden viajar a los Estados Unidos y permanecer aquí hasta que sus visas de residencia les sean otorgadas. El titular de una Visa V puede solicitar permiso de trabajo. Otras condiciones de elegibilidad aplican.

Con la visa V pueden viajar a los Estados Unidos y permanecer aquí hasta que sus visas de residencia les sean otorgadas.

VISAS DE INMIGRANTE

2

La posibilidad de trabajar y vivir indefinidamente en los Estados Unidos sólo es posible a través de una visa de inmigrante. La tarjeta de residente permanente *(green card)* es la evidencia de gozar de dicho estatus migratorio. La denominación de dicha tarjeta, *"green card,"* actualmente no es más que una tradición porque, efectivamente, las primeras tarjetas de residencia que se emitieron hace medio siglo eran de color verde pero con el paso del tiempo y la progresiva implementación de cada vez más complicados mecanismos de seguridad han ido cambiando de color y diseño.

Hay varios caminos para lograr la residencia permanente. En este capítulo se explican los más importantes y frecuentes: residencia por familia, empleo, asilo político y lotería de visas.

Residencia a travéz de una solicitud familiar

45. ¿Quién puede solicitar la residencia de un extranjero en los Estados Unidos?

Sólo los residentes permanentes y, especialmente, los ciudadanos norteamericanos pueden solicitar la residencia de determinados familiares. La ley establece expresamente diferentes niveles de preferencia para la inmigración y dependiendo de qué preferencia corresponda a su caso, todo el proceso, desde que se presenta la solicitud hasta que el beneficiario recibe su visa de inmigrante, puede tomar entre unos cuantos meses a 15 ó más años. Unicamente la categoría de residencia por asilo es autogestionaria (el asilado pide su propia residencia por su condición de asilado) pero igual está sujeta a limitaciones (10,000 cada año).

46. ¿Cuáles son las diferentes preferencias para la inmigración por familia?

Primera preferencia: hijos de ciudadanos norteamericanos, solteros, viudos o divorciados. Segunda preferencia: cónyuges de residentes permanentes e hijos solteros, viudos o legalmente divorciados. Tercera preferencia: hijos casados de ciudadanos norteamericanos. Cuarta preferencia: hermanos de ciudadanos norteamericanos mayores de 21 años.

2

Todo el proceso, desde que se presenta la solicitud hasta que el beneficiario recibe su visa de inmigrante, puede tomar entre unos cuantos meses a 15 ó más años.

47. Soy residente permanente. ¿A qué familiares míos puedo reclamar?

Siendo residente permanente sólo puede pedir la residencia de su cónyuge y sus hijos solteros de cualquier edad. Para los efectos de la ley "solteros" también significa viudos o legalmente divorciados. Aún así, la petición por su cónyuge e hijos puede tardar en concretarse unos cinco años.

48. Siendo residente, ¿puedo reclamar a mis hijos mayores de 21 años?

Puede hacerlo pero la realidad es que la "cola" o tiempo de espera puede tomar más de 12 años por ser segunda preferencia. La buena noticia es que tan pronto usted se convierta en ciudadano norteamericano, al pedir la naturalización luego de haber sido residente permanente por cinco años, esa petición cambia de clasificación y se convierte en reclamación de "familiar inmediato" de ciudadano norteamericano que en la práctica puede significar una espera de un poco más de un año. Los solicitantes de México y Filipinas están sujetos a cuotas de visas establecidas específicamente para dichos países.

Los solicitantes de México y Filipinas están sujetos a cuotas de visas establecidas específicamente para dichos países.

49. Soy residente permanente y quiero reclamar a mis padres y a mi novia…

Siendo residente permanente la ley no le permite traerlos. Pero en cuanto usted se haga ciudadano norteamericano, luego de haber sido residente permanente por cinco años, sí podrá pedirlos de inmediato.

50. ¿Cuál es el formulario que debo llenar para realizar una petición por un familiar?

El formulario básico es el I-485 que puede obtener gratuitamente en el sitio web del CIS. La dirección electrónica es: www.uscis.gov. Realmente usted deberá completar un "paquete" con los siguientes formularios:

• I-765 (para obtener permiso de trabajo)
• I-131 (si necesita un documento para viajar)
• G-325A (hoja biográfica)
• I-693 (amen médico)
• I-864 (*affidavit of support* o declaración de manutención)

Si no se siente seguro de poder completar adecuadamente todos estos formularios, busque ayuda profesional. A veces es lo más recomendable, salvo que lo suyo sea un trámite puntual tal como únicamente renovar un permiso

2

Siendo residente permanente la ley no le permite traer a sus padres o a su novia.

2

de trabajo, obtener un documento de viaje para asilado o un reemplazo de *green card.* Desconfíe de quienes le ofrecen sus servicios para llenar formularios y no son abogados. Tenga presente que si usted presenta un formulario equivocado o con datos incorrectos ello podría demorar inútilmente su petición o incluso podrían negársela. El único responsable de cualquier gestión ante el gobierno norteamericano es usted, no importa quién haya llenado el formulario. Si usted tiene antecedentes criminales debe indicarlo en el formulario respectivo. Declarar sus antecedentes no necesariamente impedirá que obtenga el beneficio migratorio que solicita. Pero si lo oculta y *es descubierto* (lo que con toda seguridad ocurrirá) cometerá delito de perjurio y, además, su solicitud será rechazada.

El único responsable de cualquier gestión ante el gobierno norteamericano es usted, no importa quién haya llenado el formulario.

51. ¿Qué significa el *"affidavit of support"*?

Si usted pide la residencia de un familiar, usted debe hacerse responsable ante el gobierno que esa persona no se convertirá en carga pública, es decir, que no acudirá a las entidades de ayuda pública para personas pobres. Al llenar el formulario I-864 usted asume legalmente que responderá por esa persona si en algún momento se encontrará en situación de necesidad. Si dicha persona obtiene ayuda pública usted deberá reembolsar al estado, en efectivo, por dicha ayuda y si no cumple con esto usted podría ser llevado a la corte. Para poder firmar ese documento usted necesita acreditar ingresos suficientes de acuerdo a una tabla establecida por el CIS teniendo en cuenta los niveles de pobreza en los Estados Unidos. Usted puede encontrar esa información en www.uscis.gov pero, como ejemplo, si usted es residente permanente, tiene dos hijos y desea traer a su esposa que estaba viviendo en Guatemala, deberá demostrar que sus ingresos para sostener a una familia que tendrá cuatro miembros son por lo menos US $23,000 dólares anuales. En promedio, deberá sumar otros US $3,925 dólares por cada familiar adicional que desee pedir.

2

52. ¿Qué pasa si yo no gano lo suficiente para presentar un *affidavit of support*?

Otra persona, un familiar suyo o un amigo, puede ayudarlo a completar o a otorgar completamente el *affidavit of support* si gana lo suficiente. Pero cuidado, esa persona estará asumiendo la responsabilidad de manutención del familiar que usted quiere traer si éste llegará a encontrarse en situación de necesidad. Funciona igual que el aval o garante de un crédito. Esa responsabilidad se mantiene hasta que el nuevo inmigrante se haga ciudadano norteamericano o haya trabajado, en promedio, durante diez años.

Otra persona puede ayudarlo a completar o a otorgar completamente el "affidavit of support" si gana lo suficiente.

53. ¿Qué significa obtener un "número de visa" y cómo lo consigo?

2

Cuando usted presente su solicitud, la fecha en que lo haga establecerá su orden de prioridad.

La inmigración hacia los Estados Unidos se rige por cuotas anuales. Esas cuotas las aumenta, disminuye o mantiene el Congreso norteamericano bajo su entera discreción. Por ejemplo, para el año 2003 el total de visas de inmigrante por familia es 226,000. La oficina de inmigración, CIS, procesa las distintas solicitudes de visa y, si la documentación está correcta, la envía aprobada al *National Visa Center*. Es esta entidad la que propiamente administra el total de visas en cada categoría según lo aprobado por el Congreso. Por tanto usted nada puede hacer para obtener un número de visa. Cuando usted presente su solicitud, la fecha en que lo haga establecerá su órden de prioridad. Obviamente quienes lo hicieron antes que usted serán atendidos primero y usted lo será antes de quienes vengan después de usted. Una vez que el número de visas disponible para ese año sea adjudicado, el proceso se detendrá hasta el siguiente año fiscal del gobierno, que empieza el 1 de octubre. Por eso, aunque su solicitud haya sido "aprobada" pueden pasar muchos e incluso *muchísimos* años antes que usted o un familiar suyo esté en condiciones de inmigrar a los Estados Unidos.

54. ¿Todas las categorías inmigratorias están limitadas a un determinado número de visas cada año?

No. Los familiares inmediatos de ciudadanos norteamericanos no están limitados y pueden inmigrar *de inmediato* (lo que en la práctica significa aproximadamente un año de espera). La ley define como "familiares inmediatos" de ciudadanos norteamericanos a sus padres, cónyuges e hijos menores de 21 años. Hay una precisión importante: un niño norteamericano sólo puede solicitar la residencia de sus padres cuando cumpla 21 años.

2

55. Mi hermano ciudadano norteamericano solicitó mi residencia permanente. Tengo una carta del CIS que indica que ya recibió la solicitud. ¿Qué beneficios tengo en este momento?

Ninguno. Durante el tiempo de espera usted no tiene derecho a nada: ni a residir ni mucho menos a trabajar en los Estados Unidos. De hecho su categoría, petición de ciudadano norteamericano por su hermano, es una de las que está sujeta a esperas más largas, unos 15 años. Probablemente la carta que usted recibió le indique un plazo

Un niño norteamericano sólo puede solicitar la residencia de sus padres cuando cumpla 21 años.

menor pero hay que tomar en cuenta que un año fiscal de inmigración significa, aproximadamente, el doble en años calendarios.

56. ¿Cómo puedo saber la fecha de prioridad de cada preferencia estando en mi país?

Usted puede acceder libremente a la página web http://travel.state.gov cada mes y allí verá cuál es la fecha de prioridad en cada preferencia. Pero recuerde que el ritmo de avance en la atención de las solicitudes es más lento que el transcurso de un año calendario. Si su fecha de prioridad es, por decir, 4 de agosto del 2001 y la actual fecha de prioridad corriente en su categoría es 8 de agosto de 1999 usted tiene por delante, técnicamente, una espera de dos años pero que realmente se convertirán en cuatro por la lentitud del proceso administrativo y también por la falta de disponibilidad de visas.

57. Mi hija es ciudadana norteamericana, mayor de 21 años, y desea solicitar mi residencia. Pero yo he vivido y trabajado ilegalmente en los Estados Unidos. ¿Eso me afectará?

Si cuando usted ingresó a los Estados Unidos lo hizo legalmente, es decir con pasaporte y visa y fue entrevistado por un oficial de inmigración, no tendrá impedimento aunque se haya quedado en los Estados Unidos después que venció su tarjeta I-94. Pero si su ingreso fue ilegal, por la frontera o de cualquier otra manera evitando la inspección por una autoridad de inmigración, la ley impide que usted reciba la residencia permanente salvo que, oportunamente, usted haya solicitado el beneficio de la ley 245 (i). Pero si usted no lo hizo mientras esa ley estuvo vigente, ni siquiera un matrimonio con ciudadano norteamericano lo salvará de esta exclusión.

2

58. ¿Puedo obtener mi residencia permanente si me caso con un ciudadano norteamericano o residente permanente?

Si su ingreso a los Estados Unidos fue legal, es decir con pasaporte, visa y fue sometido a la inspección de un oficial de inmigración, sí puede pedir la residencia como resultado de un matrimonio con ciudadano norteamericano o residente permanente. Usted y su cónyuge serán entrevistados por agentes especializados en este tipo de casos. Si usted demuestra que su matrimonio es auténtico obtendrá una residencia *condicional* por dos años. Luego de ese período, en una nueva entrevista con el CIS, deberá demostrar que su matrimonio se ha desarrollado y que se mantiene. Se espera en esa segunda entrevista que usted presente evidencias al

Si su ingreso a los Estados Unidos fue legal, sí puede pedir la residencia como resultado de un matrimonio con ciudadano norteamericano o residente permanente.

respecto tales como fotografías, cuentas bancarias mancomunadas, declaración de impuestos, contrato de alquiler o compra de vivienda a nombre de ambos, referencias personales, etc. Si bien tanto el matrimonio con ciudadano norteamericano como con residente permanente lo llevarán a la "*green card*" los plazos de espera son considerablemente más largos si su cónyuge es residente y mucho más cortos si es ciudadano de los Estados Unidos.

2

El fraude matrimonial con fines de inmigración es un delito grave que establece penas de cárcel tanto para el que paga por el "favor" como para el que lo hace.

59. Un amigo me ha dicho que conoce una persona que "arregla" matrimonios con ciudadanos y residentes permanentes a cambio de dinero. ¿Qué pierdo con intentarlo?

Ese será el error más grande que pueda cometer como aspirante a residente de los Estados Unidos. Puede perderlo todo, incluyendo su libertad. El fraude matrimonial con fines de inmigración es un delito grave que establece penas de cárcel tanto para el que paga por el "favor" como para el que lo hace. La diferencia es que el ilegal, además, termina deportado. Es imposible "demostrar" que ha habido convivencia cuando ambas partes han vivido por separado y se han visto sólo ocasionalmente para preparar su "historia". Preguntas tan simples como cuántas cucharaditas de azúcar pone su pareja en el café o cuáles fueron las últimas dos películas que vieron juntos pueden poner la mentira al descubierto muy fácilmente. El único beneficiado con este recurso ilegal es el que sirve de contacto entre ambas partes quien, una vez que cobre su dinero, desaparecerá de escena para siempre. Hoy en día la investigación que conlleva una solicitud de residencia por matrimonio es mucho más minuciosa que antes.

60. ¿Puedo perder mi residencia permanente?

Aunque se denomina *"permanente"* de hecho sí, puede perderla de más de una manera. Puede perderla si usted comete un delito grave ("felonía"). Delitos muy serios tales como tráfico de drogas lo llevarán derechito a la cárcel por un buen tiempo y de allí, una vez cumplida su condena, a un proceso de deportación. Pero la residencia puede perderse también por algo tan elemental como no residir en los Estados Unidos. Si usted se ausenta por un año o más la perderá. Si usted opta por entrar y salir a intervalos regulares para "estar y no estar" al mismo tiempo en los Estados Unidos le pueden cancelar su residencia en cualquier momento. Hay personas que obtienen su residencia pero realmente no han decidido instalarse, vivir y trabajar en este país. Tarde o temprano serán detectadas y perderán su residencia.

La residencia puede perderse también por algo tan elemental como no residir en los Estados Unidos.

61. ¿Qué pasa si debo por razones personales ausentarme de los Estados Unidos por más de un año?

Deberá solicitar un *Reentry Permit* (permiso de reingreso) antes de salir de los Estados Unidos. Ese documento lo protege de la cancelación de su residencia durante dos años como máximo.

2

Un "Reentry Permit" lo protege de la cancelación de su residencia durante dos años como máximo.

Residencia por Empleo

La residencia permanente en los Estados Unidos a través del empleo es posible pero es también una de las vías más difíciles. El proceso se inicia realmente en el Departamento de Trabajo (equivalente al Ministerio o Secretaría de Trabajo) en donde debe obtenerse un *Labor Certification* o Certificación Laboral. Un documento que, en pocas palabras, establece que no hay en su área otro trabajador que pueda o quiera realizar el mismo trabajo que le han ofrecido a usted.

Una vez obtenido este certificado, que es la parte más complicada y dilatada del proceso, lo demás es relativamente simple con el CIS que en este caso se convierte en una instancia más de tipo administrativo. Todo aquí depende del certificado laboral. Usted necesitará, definitivamente, ser asesorado por un abogado de inmigración competente. Dado que todo el procedimiento para obtener un *Labor Certification* demanda más tiempo los honorarios de abogados por hacerse cargo de este tipo de casos son más elevados.

62. ¿Cuál es la mejor forma de iniciar un trámite de residencia a través del empleo?

Probablemente a usted le conviene iniciar su trámite de residencia permanente a través de empleo si usted ya está trabajando en los Estados Unidos al

La residencia permanente en los Estados Unidos a través del empleo es una de las vías más difíciles.

2

amparo de una visa H1B, como se explicó antes. Es muy posible que su empleador se interese en tenerlo como trabajador permanente. Recuerde que este tipo de petición debe ser presentada por un empleador. Si se inicia el proceso hoy y usted está en el primer año de su visa H1B, por ejemplo, tendrá "techo" suficiente como para poder esperar en los Estados Unidos a que se complete todo el trámite. No deje un proyecto de esta naturaleza para el final, cuando le queden solo uno ó dos años de visa de trabajo temporal. Tampoco se arriesgue a que las condiciones de su empresa se deterioren, se vaya a la quiebra o se produzca una reducción de mano de obra (*layoff*). Haga todo con tiempo y asesórese por expertos.

63. ¿Cuánto puede demorar obtener un *Labor Certification*?

Recuerde que este tipo de petición debe ser presentada por un empleador.

Es difícil establecer un plazo. En promedio puede tomar entre ocho meses y dos años de espera. Los plazos pueden variar dependiendo de cuál sea la región en la que usted se encuentre.

64. ¿Cuál es el procedimiento para obtener un *Labor Certification*?

En primer lugar su empleador llena una solicitud que enviará al Departamento de Trabajo. Allí describe la naturaleza del puesto de trabajo y las calificaciones suyas como candidato para ocuparlo. Todo esto debe estar respaldado por documentos que, por ejemplo, sustenten los estudios y/o años de experiencia que usted tiene. Luego su empleador deberá colocar avisos de empleo en diarios, anunciando el puesto que usted desea ocupar. Como consecuencia, se espera que una gran cantidad de interesados respondan enviando sus *"Resumés"* o CV. Todos estos documentos llegarán al Departamento de Trabajo o directamente al empleador, dependiendo de la estrategia de su abogado. El empleador deberá evaluar a todos los solicitantes y enviar al Departamento de Trabajo un informe sobre el resultado de dicha evaluación. Idealmente, el único candidato calificado para el puesto, luego de este proceso de selección, será usted. A partir de este momento todo depende del Departamento de Trabajo que tomará la decisión de concederle o no el *Labor Certification*.

65. ¿Qué pasa si se presenta otro candidato con igual o mejores calificaciones que las mías?

El Departamento de Trabajo desestimará concederle el *Labor Certification* a usted por considerar que hay, por lo menos, un trabajador apto para ocupar el puesto que se le ofreció originalmente a usted. Su empleador también

Todo depende del Departamento de Trabajo que tomará la decisión de concederle o no el Labor Certification.

pudiera optar por contratar tanto a usted como al postulante finalista.

66. ¿Qué pasa si el empleador sólo quiere contratarme a mí?

No importa qué aprecio le tenga el empleador o qué tanto quiera que el puesto sea suyo. El espíritu de la ley es que ningún trabajador extranjero le quite una posibilidad de empleo a un trabajador de los Estados Unidos que tiene las mismas calificaciones que usted.

67. ¿Todo profesional que quiera obtener residencia por empleo debe pasar primero y obligatoriamente por el *Labor Certification*?

No necesariamente. Si usted es un científico de renombre mundial, ha ganado un Premio Nóbel, es un genio de la computación que inventó los chips de última generación, o es un ejecutivo de una empresa multinacional que está siendo trasladado a los Estados Unidos no necesitará obtener el *Labor Certification*. Hay ciertas profesiones, como la enfermería, que también están exoneradas del *Labor Certification*.

Hay ciertas profesiones, como la enfermería, que también están exoneradas del Labor Certification.

68.

Soy gerente de marketing de una empresa latinoamericana que tiene oficinas en otros países y quieren enviarme a los Estados Unidos para abrir allí una sucursal y hacerme cargo de ella como gerente. ¿Puedo ser exonerado del *Labor Certification*?

Primero usted debe haber trabajado para su empresa durante un año, como mínimo, en los últimos tres años y su empresa debe haber establecido relaciones comerciales con los Estados Unidos desde hace un año por lo menos. Segundo, usted debe tener capacidad ejecutiva y gerencial. *Capacidad ejecutiva* significa que usted puede tomar decisiones estratégicas y reporta directamente al presidente de la empresa o al directorio. *Capacidad gerencial* significa que usted debe tener bajo su cargo la supervisión de otros ejecutivos y supervisores y, en general, que es la máxima autoridad en la oficina.

69.

¿Qué pasa si una vez iniciado el trámite la empresa que estaba interesada en mis servicios cierra por dificultades económicas?

Lamentablemente el trámite quedará bloqueado en ese momento. Es un riesgo que deberá asumir. Por eso, antes de hacer nada, analice todas sus posibilidades, no solamente las suyas como profesional sino también las de la empresa que quiere solicitarlo.

70. ¿Si obtengo un *Labor Certification*, quedo autorizado para trabajar en los Estados Unidos?

No. Si obtiene el certificado laboral significa que su futuro empleador puede solicitar a las autoridades de inmigración la residencia permanente para usted. Pero el *Labor Certification*, en sí, no le confiere beneficio migratorio alguno ni para trabajar ni para vivir en los Estados Unidos. Es como el motor del automóvil, es lo más importante, pero si su auto no tiene batería de nada le servirá. El certificado es otorgado por el Departamento de Empleo, no por el CIS.

71. ¿Puede ocurrir que yo trabaje para la empresa "A" y que la empresa "B" quiera pedir un *Labor Certification* para mí?

Sí, puede ocurrir. La ley no lo obliga a trabajar para la empresa que lo está pidiendo durante el proceso pero sí una vez que el proceso concluya si usted ya está en los Estados Unidos.

Si obtiene el certificado laboral significa que su futuro empleador puede solicitar a las autoridades de inmigración la residencia permanente para usted.

72. ¿Qué pasa si más de una empresa quiere pedir un *Labor Certification* para mí?

No lo afecta a usted. En todo caso una de las dos empresas se verá perjudicada al final porque usted no podrá trabajar a tiempo completo en ambas a la vez, pero la ley no impide que usted sea solicitado por dos empleadores.

73. Tengo una petición de residencia permanente que presentó mi hermano que es ciudadano norteamericano. Pero ahora una empresa desea también solicitar un *Labor Certification* para mí, ¿puede hacerlo?

Puede hacerlo. Son dos caminos paralelos hacia la residencia permanente y la ley no le impide transitar por ambos a la vez.

74. Tengo visa de estudiante. Una empresa está interesada en solicitar un *Labor Certification* para mí. ¿Puede hacerlo?

Puede hacerlo pero, cuidado, usted podría tener problemas si necesita renovar su visa de estudiante F1 o M1, e incluso podría verse impedido de obtener una visa de turista B1-B2.

La ley no impide que usted sea solicitado por dos empleadores.

Usted debe consultar su caso con un buen abogado de inmigración.

75. Si vivo en una ciudad con alto índice de desempleo, ¿ello podría reducir mis posibilidades de obtener un *Labor Certification*?

Es un aspecto importante que el Departamento de Trabajo tomará en consideración al igual que la situación en general de la economía de los Estados Unidos.

2

Usted debe consultar su caso con un buen abogado de inmigración.

Residencia por Asilo

Otra de las vías para obtener la residencia permanente en los Estados Unidos es el asilo. En esta parte sólo explicaremos cómo pasar del status de asilado a residente permanente. En el siguiente capítulo analizaremos en detalle cómo obtener asilo.

76. ¿De qué manera puedo obtener la residencia permanente a través del asilo?

Todo aquel que cumpla un año como asilado puede solicitar la residencia permanente. Este beneficio también se hace extensivo a su cónyuge e hijos.

77. He solicitado asilo hace más de un año pero hasta ahora no he obtenido respuesta. ¿Puedo pedir la residencia?

No. Usted puede pedir la residencia permanente sólo cuando cumpla un año como asilado.

78. ¿Cuánto tarda un asilado en obtener su residencia?

Lamentablemente la disponibilidad de sólo 10,000 visas anuales para asilados que solicitan su ajuste de status a residentes permanentes, y la creciente

Todo aquel que cumpla un año como asilado puede solicitar la residencia permanente.

demanda de asilos, ha generado demoras. Un asilado que hoy presente su solicitud deberá esperar aproximadamente unos siete años para convertirse en residente permanente.

79. ¿Qué ocurre con un asilado mientras se procesa su residencia?

Se mantiene como asilado y retiene los beneficios que le corresponden como tal: derecho a vivir indefinidamente en los Estados Unidos, permiso de trabajo y derecho a entrar y salir de los Estados Unidos siempre y cuando no viaje a su país de origen.

80. ¿Hay la posibilidad de que aumente la cuota de residencias disponible actualmente para los asilados?

Existe un proyecto de ley en el Congreso en ese sentido, pero por ahora no es más que eso, un proyecto.

81. ¿Cuál es el proceso paso a paso para obtener la residencia por asilo?

Una vez que usted haya cumplido un año como asilado podrá solicitar la residencia. Para ello debe

Un asilado deberá esperar aproximadamente de unos siete años para convertirse en residente permanente.

2

llenar el "paquete" de formularios I-485 que puede obtener en el sitio web del CIS, www.uscis.gov. Varios meses después usted y sus dependientes incluidos en la petición recibirán una cita con un oficial de inmigración en su ciudad. En dicha cita deberán presentar, además de sus documentos de identidad, los resultados del examen médico que exige la ley. En dicha cita el funcionario verificará que toda su documentación está en orden y le informará que lamentablemente no podrá concederle la residencia en ese momento por no haber visas disponibles. Respire hondo y ármese de paciencia. A partir de allí no queda sino esperar...y esperar. No existe ningún mecanismo que le permita acelerar ni averiguar cuánto le falta para que le aprueben su residencia. Pasarán varios años antes que vuelva a saber de inmigración nuevamente. Muy importante: si se muda informe de inmediato y personalmente al CIS cuál es su nueva dirección. No se limite a llenar y enviar por correo el formulario respectivo aunque le digan que ese es el procedimiento.

82. ¿Cómo sé que mi solicitud de residencia está en proceso y no se ha perdido?

Es una buena idea que cada año, después del 1 de octubre, vaya a las oficinas de inmigración para averiguar personalmente en qué situación está su aplicación. Para ello deberá proporcionar su *Alien Number* (número de extranjero) al funcionario de

No existe ningún mecanismo que le permita acelerar ni averiguar cuánto le falta para que le aprueben su residencia.

información. La respuesta que recibirá es que su petición sigue *pending* (pendiente). Por otro lado no le sorprenda que lo citen, a lo largo del proceso, para obtener sus huellas dactilares en más de una oportunidad. Eso es un buen síntoma. Quiere decir que su expediente, aunque muy lentamente, sigue su curso.

2

8 3. ¿Cuál es la etapa final del proceso de obtención de residencia por asilo?

Cuando reciba la cita para su entrevista de residencia, su espera ha terminado. Le pedirán que lleve su permiso de trabajo, documento de viaje de asilado (si alguna vez lo pidió), pasaporte y fotografías. En dicha entrevista el oficial de inmigración colocará un sello o cuño en su pasaporte, que lo identificará como residente permanente. Su *green card* le llegará algunas semanas más tarde. Pero usted será residente permanente desde el momento en que coloquen el sello respectivo en su pasaporte. Ese sello será suficiente para que usted pueda trabajar y entrar y salir de los Estados Unidos. El oficial se quedará con el permiso de trabajo y el documento de viaje de asilado porque usted ya no los necesitará. También a partir de entonces empezará a acumular tiempo para poder solicitar la ciudadanía norteamericana lo que podrá hacer cuando cumpla cinco años como residente permanente.

Cuando reciba la cita para su entrevista de residencia, su espera ha terminado.

Residencia por Lotería de Visas

Aunque las posibilidades de ganar una visa de inmigrante de los Estados Unidos a través de la lotería de visas es muy remota, dada la gran cantidad de participantes y la reducida cantidad de visas disponibles, es de hecho la oportunidad más económica de todas las descritas en este libro.

Los procedimientos para participar en la Lotería de Visas han cambiado recientemente. Para tener la posibilidad de ganar deberá llenar electrónicamente la solicitud respectiva que está en la página de Internet www.dvlottery.state.gov. Las fotos, suyas y de su cónyuge e hijos menores de 21 años, deberán ser digitales en formato jpeg. Ya no se aceptan solicitudes en papel. Usted recibirá un recibo, por correo electrónico, cuando envíe su solicitud.

El hecho de ser esta una posibilidad al alcance de una mayoría, ha despertado también el interés de individuos poco honestos que ofrecen "asesoría" para llenar los "formularios oficiales." Para participar en la lotería de visas usted simplemente debe llenar electrónicamente la solicitud y cumplir, al pie de la letra, con una serie de especificaciones muy simples. El trámite ante el gobierno de los Estados Unidos es gratuito y realmente no hace falta el servicio de ningún tramitador o notario. El 99% de las posibilidades de éxito en esta modalidad dependen

Los procedimientos para participar en la Lotería de Visas han cambiado recientemente.

únicamente de su suerte. Es una lotería, tal como y el nombre lo indica. El otro 1% lo pone usted, enviando su información correcta y oportunamente.

84. ¿Cuántas visas de inmigrante son sorteadas en la lotería?

Son en total 50,000 visas. Pero hay cuotas para las diferentes regiones del mundo que fijan cuántas visas están disponibles en cada caso. Cada año el Departamento de Estado, que regula este proceso, excluye de participar en esta lotería a los países que han generado mayor cantidad de inmigrantes hacia los Estados Unidos. El espíritu de la ley es que la inmigración a los Estados Unidos debe ser representativa de una gran diversidad, de allí su nombre *Diversity Immigrant Visa Program* (DV). Por ejemplo, para la Lotería de Visas 2005 están excluidos los ciudadanos de Colombia, El Salvador, México y República Dominicana.

85. ¿Cómo es la solicitud, dónde y cuándo debo enviarla?

A partir de este año todo el proceso es 100% electrónico, incluidas las fotografías que deben ser digitales (formato jpeg). La solicitud y todos los detalles y especificaciones están gratuitamente disponibles en www.dvlottery.state.gov.

A partir de este año todo el proceso es 100 % electrónico, incluidas las fotografías que deben ser digitales.

2

86. ¿Cómo debo llenar la solicitud?

Necesitará obligatoriamente hacerlo por computadora y deberá tomarse fotografías con una cámara digital. Si usted no está familiarizado con estas técnicas busque ayuda con algún familiar o persona de su entera confianza que lo pueda ayudar. Asegúrese de cumplir con todas las especificaciones que se explican en www.dvlottery.state.gov.

2

87. ¿Puedo enviar más de una solicitud?

No. Si lo hace será descalificado. Pero si usted es casado, su cónyuge puede enviar su propia solicitud. Ella lo incluirá a usted en su solicitud y usted la incluirá a ella. Ambos incluirán a sus hijos.

88. ¿Hay algún requisito para participar en la lotería de visas, además que mi país no haya sido excluido?

Hay varios requisitos importantes, además que su país no haya sido excluido. Primero, usted debe haber completado como mínimo la educación primaria y secundaria en su país (12 años de estudios). Si ese no es su caso, en los últimos cinco años debe haber trabajado durante dos años

Si usted es casado, su cónyuge puede enviar su propia solicitud.

en alguna ocupación que requiera por lo menos dos años de entrenamiento. Además no debe tener antecedentes criminales ni ser portador de enfermedades tales como el SIDA y la TBC. Usted, si gana una visa de inmigrante, deberá pasar por un examen médico completo según indicaciones que le dará en su momento el consulado norteamericano en su país. Llegado el caso usted deberá pagar por el exámen médico.

2

89. ¿Cuánto hay que pagar para participar en la lotería de visas?

Nada. Usted no debe pagar a nadie para participar en el sorteo.

90. Mi hermano ciudadano norteamericano presentó una petición por mí hace varios años. Aún así, ¿puedo participar en la lotería de visas?

Sí puede hacerlo. No existe ningún conflicto entre cualquier solicitud de residencia que usted tenga pendiente ante inmigración y la lotería.

Usted no debe pagar a nadie para participar en la lotería de visas.

91. Soy un indocumentado. ¿Qué pasa si gano una visa en la lotería?

Si usted es un indocumentado (es decir, no fue chequeado por un oficial de inmigración al ingresar a los Estados Unidos) usted no recibirá una visa de inmigrante aunque resulte "ganador" en la lotería de visas.

92. ¿Cómo sabré si gané la lotería de visas?

El consulado norteamericano de su país le enviará una carta indicando que resultó ganador. Allí le darán instrucciones de lo que deberá hacer a partir de ese momento. Entre otras cosas le dirán que no se apresure ni en renunciar a su empleo ni vender su casa o sacar a sus hijos de la escuela. Usted deberá cumplir con una serie de exigencias, trámites y documentación. Si cumple a tiempo con todo ello el consulado le entregará su visa de inmigrante y, recién entonces, estará en condiciones de preparar su viaje a los Estados Unidos.

93. ¿Quién escoge a los ganadores de la lotería de visas?

La pregunta debería ser "qué" escoge a los ganadores. Es una computadora, en el estado de

El consulado norteamericano de su país le enviará una carta indicando que resultó ganador.

Kentucky, que aleatoriamente los selecciona. Aunque se sortean solamente 50,000 visas la máquina escoge 110,000 finalistas porque gran cantidad de los solicitantes o no tenían derecho a participar o las solicitudes están incompletas – y son descartadas – o incluso porque, aunque inicialmente todo parecía estar en "orden", al momento de presentar la documentación exigida surgen problemas insalvables. Sin embargo todo el proceso de la lotería termina cuando se adjudica la última de las 50,000 visas. Por eso es de vital importancia que quienes sean notificados inicien de inmediato sus trámites. Por cierto, sólo los ganadores son notificados.

2

ASILO

Una de las categorías migratorias más solicitadas en los Estados Unidos en los últimos diez años es la del asilo y, ciertamente, también de la que más se ha abusado. La difícil situación social, política y económica en muchos países del mundo, especialmente en Latinoamérica, ha llevado a miles de personas a ensayar el asilo como una puerta de entrada legal a los Estados Unidos. Hombres y mujeres huyen a diario del caos en sus países de origen y tratan, a través del asilo, de encontrar mejores horizontes para ellos y sus familias.

Lamentablemente por más dramático, real y doloroso que sea su caso la ley de asilo es muy clara cuando establece las cinco razones por las que una persona puede pedir asilo en los Estados Unidos: persecución por **raza, nacionalidad, religión, opinión política** o **pertenencia a determinado grupo social**. El temor e inseguridad por el caos político social en el país de origen o el simple deseo de aspirar a una vida mejor no son una razón legalmente válida para pedir asilo político.

La proliferación de tramitadores y organizaciones paralegales que "asesoran" a los interesados en pedir asilo no ofrecen más beneficio que llenar el formulario I-589 con el que se solicita asilo. Ellos son, en gran parte, responsables que muchos legítimos solicitantes de asilo, es decir aquellos que sí corren peligro de muerte si

3

vuelven a sus países de origen, vean demorados sus trámites y además que muchas familias se encuentren en un callejón sin más salida migratoria que la deportación cuando, siendo ilegales, sus casos son negados en última instancia en la corte. Esto es lo primero que usted debe tener en cuenta antes de pedir asilo: si usted está ilegal y su caso es negado usted será derivado a un juez de inmigración. Si este, a las finales, niega su solicitud de asilo puede ordenar su deportación. Con mayor razón, cuando de asilo se trata, usted debe ser asesorado por un buen abogado de inmigración. El asilo no debe ser asumido como una vía rápida hacia el permiso de trabajo o la residencia porque no lo es. Es un beneficio migratorio con requisitos muy exigentes.

Cuando de asilo se trata, usted debe ser asesorado por un buen abogado de inmigración.

Uno de los cambios más recientes en los procedimientos de asilo establece ahora que si el solicitante, al momento de pedir asilo, carece de visa o documentación válida para ser admitido en los Estados Unidos deberá ser detenido en el acto y permanecer así hasta que su solicitud sea revisada por el CIS (inmigración).

3

94. ¿Qué debo hacer primero para pedir asilo?

Analice, fríamente, por qué considera que debe pedir asilo. Pregúntese dos cosas fundamentales: ¿soy un perseguido en mi país por mi raza, nacionalidad, opinión política, religión o porque pertenezco a determinado grupo social? Si la respuesta es no, olvídese del asilo y considere

Tenga presente que usted deberá demostrar con pruebas objetivas por qué se considera un perseguido.

otras opciones explicadas en este libro para inmigrar a los Estados Unidos. Si la respuesta es sí, pregúntese cómo puede *documentar* que usted es un perseguido. Hablamos de papeles, fotos, videos, informes de organismos de Derechos Humanos en donde se menciona su nombre, etc. Si usted no tiene esos documentos, ¿hay formas razonables de poder conseguirlos luego? Tenga presente que usted deberá demostrar con pruebas objetivas por qué se considera un perseguido. Si pasó usted este examen preliminar siga adelante.

95. Tengo sólidas bases para pedir asilo. ¿Cuál es el proceso a seguir?

Usted deberá presentar la forma I-589 al CIS. Aproximadamente un mes después le llegará un recibo, una cita para sacar sus huellas digitales y, muy importante, fecha y hora para una entrevista personal con un oficial de asilo. Es posible que la fecha de esa entrevista esté programada para seis u ocho semanas después. Al momento que vaya a la entrevista usted deberá llevar todas las pruebas y documentos que sustentan su petición. Luego de la entrevista, dependiendo de que usted se encuentre amparado por una visa o no en los Estados Unidos, recibirá por correo certificado la respuesta a su solicitud o, lo citarán para presentarse ante inmigración para conocer la respuesta dos semanas después.

3

96.

La entrevista es la parte más importante del proceso de asilo. ¿Cómo es y qué me van a preguntar?

Le hará toda clase de preguntas sobre usted y las circunstancias que, supuestamente, han originado su persecución.

Para empezar deberán presentarse usted, su cónyuge e hijos incluidos en la solicitud de asilo. Si usted no habla bien el inglés deberá estar acompañado por un buen intérprete. Puede estar presente su abogado pero él no puede actuar como intérprete. La entrevista se inicia con un juramento en el que usted y su cónyuge se comprometen a decir *"solo la verdad, toda la verdad y nada más que la verdad."* Luego el oficial verificará sus datos generales, nombre, nacionalidad, edad, etc. Hecho eso le preguntará por qué ha pedido asilo en los Estados Unidos y, por los siguientes 60 ó 90 minutos, le hará toda clase de preguntas sobre usted y las circunstancias que, *supuestamente*, han originado su persecución. Decimos *supuestamente* porque la actitud inicial del oficial es escéptica y usted lo percibirá. El debe dejar de lado cualquier sentimiento personal de simpatía o compasión que usted pudiera despertar en él y analizar si sus argumentos explican y sustentan razonablemente una persecución por *raza, religión, opinión política, nacionalidad o pertenencia a grupo social*. Puede esperar todo tipo de preguntas capciosas y reiterativas.

97. Cuando termine la entrevista ¿el oficial me dirá si me concederán el asilo o no?

Por ley el oficial se limitará a indicarle que recibirá la respuesta por correo, si usted se encuentra legalmente en los Estados Unidos, o le dará una cita para volver a las dos semanas para conocer la respuesta si se encuentra ilegalmente.

98. ¿Cómo sabré si me aprobaron la petición de asilo?

Usted recibirá una carta indicando que su solicitud fue aprobada. Junto con ella recibirá tarjetas I-94 para usted, cónyuge e hijos menores de 21 años incluidos en su solicitud, similares a las que recibieron al llegar a los Estados Unidos, pero con un sello indicando su estatus de asilado. La carta incluye instrucciones para obtener permiso de trabajo – que podrá solicitar inmediatamente – el documento de viaje y le indicará que cuando cumpla un año como asilado podrá pedir la residencia permanente.

99. Un primo mío recibió una carta del CIS "recomendando" la aprobación de su petición de asilo. ¿Qué significa?

Significa que el oficial que lo entrevistó encontró

3

bien fundamentada la petición pero todavía no ha recibido el informe del FBI indicando que el solicitante no registra antecedentes criminales. Todo solicitante de asilo es investigado por el FBI para asegurarse que no ha cometido crímenes anteriormente o que no es buscado por la policía. Pero al momento que este trámite interno se complete él recibirá la carta de aprobación final... salvo que tenga antecedentes criminales o sea un fugitivo de la ley en cuyo caso su petición será negada.

Todo solicitante de asilo es investigado por el FBI para asegurarse que no ha cometido crímenes anteriormente.

100. Un amigo recibió del CIS un *"Notice of Intent of Deny."* ¿Qué significa?

Significa malas noticias. La petición de asilo de su amigo fue, inicialmente, negada. Esto ocurre cuando el solicitante no ha logrado convencer al oficial de asilo que es objeto de persecución por *raza, nacionalidad, opinión política, religión o pertenencia a un grupo social*. A su amigo sólo le quedan dos caminos: presentar un reclamo dentro de los siguientes 16 días o, desistir. En el primer caso si no posee nuevas evidencias o documentos que le den más peso a su solicitud lo más probable es que nada logrará con insistir. Si desiste podrá permanecer en los Estados Unidos sólo hasta que concluya su estadía temporal según figura en su tarjeta I-94 o podría buscar otras alternativas tales como una visa profesional H1B si califica.

3

Si este niega su solicitud puede ordenar su deportación.

101. Mi amigo insistió en su solicitud de asilo, a pesar de haber recibido un *"Notice of Intent of Deny."* ¿Qué pasa si se lo niegan finalmente?

Recibirá un *"Final Denial Notice"* con lo que concluirá definitivamente su petición de asilo en la etapa administrativa, es decir con el CIS. Esta negación final es inapelable y se produce si el interesado no responde al *"Notice of Intent of Deny"* o si habiendo respondido la evidencia suministrada no fue suficiente para convencer al oficial de asilo.

102. ¿Qué pasa si mi petición de asilo es negada y yo estoy ilegalmente en los Estados Unidos?

En ese caso su expediente será automáticamente derivado a un juez de inmigración. Si este niega su solicitud puede ordenar su deportación o, en el mejor de los casos, darle "salida voluntaria." En la práctica esta figura legal no tiene nada de "voluntario" porque usted deberá abandonar obligatoriamente los Estados Unidos en un plazo breve. En todo caso usted puede apelar la sentencia del juez. Nuevamente, usted debe tener la asesoría de un buen abogado de inmigración.

103. No entiendo por qué me negaron el asilo. Mi hermano en Colombia fue asesinado por los guerrilleros...

Su hermano fue asesinado por la guerrilla pero ello no prueba que usted está en peligro. Usted debería haber suministrado pruebas, evidencias y documentos para sustentar su caso y demostrar que era un perseguido por su raza, nacionalidad, opinión política, religión o pertenencia a cierto grupo social.

Usted puede perder su asilo si comete algún delito grave o si las circunstancias en su país cambian.

104. Soy asilado. ¿Mi estatus como tal es permanente?

No, de hecho es revocable. Usted puede perder su asilo si comete algún delito grave o si las circunstancias en su país cambian de tal manera que ya no existan razones para temer persecución por raza, religión, nacionalidad, opinión política o pertenencia a un grupo social. Por eso es conveniente que al año de haber recibido asilo usted solicite la residencia permanente si su interés es quedarse en los Estados Unidos por un largo tiempo... o el resto de su vida.

3

*No es
necesario estar
legalmente en
los Estados
Unidos para
pedir asilo.*

105. ¿Para solicitar asilo debo estar legalmente en los Estados Unidos?

No es necesario estar legalmente en los Estados Unidos para pedir asilo. Pero como ya lo hemos explicado en las preguntas anteriores la situación de un solicitante ilegal cuya petición de asilo es negada se complica porque, a diferencia del solicitante en estatus legal, terminará ante un juez de inmigración que podría ordenar su deportación. Si usted presenta su solicitud un año después de haber ingresado a los Estados Unidos deberá explicar por qué no lo hizo antes.

106. Soy asilado. ¿Puedo viajar fuera de los Estados Unidos?

Sí puede viajar a cualquier parte excepto al país en donde sufrió persecución. Por ejemplo, si usted es colombiano y obtuvo su asilo porque ha sido amenazado de muerte por la guerrilla en su país no puede viajar a Colombia. En el momento que lo haga usted mismo estará quitando validez a su asilo y el oficial del CIS en el aeropuerto puede negarle admisión como asilado. Todo el camino que usted con tanto esfuerzo recorrió para conseguir su asilo quedará tirado por tierra en ese instante. Por otro lado recuerde que para poder viajar, siendo asilado, deberá obtener el *Refugee*

Travel Document, un documento parecido a un pasaporte con el que podrá regresar a los Estados Unidos como asilado. Este documento se obtiene llenando el formulario I-131. Usted debe obtener este documento, obligatoriamente, antes de viajar.

107. Tengo asilo. Mi madre está muy grave en Venezuela. ¿Puedo viajar a Caracas por un par de días?

Lamentablemente, no. Es una situación muy dolorosa por la que muchísimos asilados pasan cuando un familiar cercano está grave, fallece o, todo lo contrario, cuando se casa la hija mayor o nace el primer nieto y lo único que les queda es compartir la felicidad por teléfono o correo electrónico. Es probablemente lo único que diferencia al asilado del residente permanente quien puede viajar sin restricciones. Pero la verdad es que basta que el asilado viaje a su país, aunque sea por un día y por las circunstancias familiares que sean, para que ello termine con su asilo y con sus posibilidades de convertirse algún día en residente permanente.

108. ¿Qué pasa si estando aún en trámite mi solicitud de asilo debo viajar fuera de los Estados Unidos?

Aunque la ley establece que en ese caso deberá

La verdad es que basta que el asilado viaje a su país para que esto termine con su asilo y con sus posbilidades de convertirse algún día en residente permanente.

3

Lo mejor es no viajar hasta que su pedido de asilo esté resuelto.

solicitar antes lo que se denomina *"Advance Parole"* (algo así como un permiso de regreso) en la práctica está demostrado que lo mejor es no viajar hasta que su pedido de asilo esté resuelto. Pero, en todo caso, si usted no obtiene dicho permiso y sale de los Estados Unidos, quedará sobreentendido que usted *abandonó* su pedido de asilo. Recuerde que con inmigración nunca hay problema para salir de los Estados Unidos – salvo que usted sea un criminal fugitivo – sino para **regresar**.

109. Presenté mi solicitud de asilo hace cuatro meses, tengo el recibo pero no he recibido ninguna respuesta. ¿Puedo pedir permiso de trabajo?

Usted debe esperar 150 días después de haber presentado su solicitud de asilo para poder pedir un permiso de trabajo (llenando el formulario I-765). También puede pedirlo si le otorgan un asilo condicional y, desde luego, si su asilo es finalmente concedido. Antes, mucho antes, el permiso de trabajo se otorgaba automáticamente cuando una persona pedía asilo. Pero la ley cambió hace varios años, como consecuencia del exagerado y con frecuencia injustificado aumento del número de solicitudes de asilo.

CIUDADANIA NORTEAMERICANA

Indudablemente la máxima categoría migratoria a la que un extranjero puede aspirar en los Estados Unidos es la ciudadanía norteamericana. La ciudadanía norteamericana sólo puede obtenerse por una de dos vías: por nacimiento o por naturalización.

Por nacimiento una persona es ciudadana de los Estados Unidos si nace en territorio norteamericano o, si sus padres son ambos ciudadanos norteamericanos y uno de ellos ha vivido en los Estados Unidos en algún momento de su vida.

Cuando un extranjero se convierte en ciudadano de los Estados Unidos por naturalización alcanza un estatus migratorio permanente, que no le puede ser arrebatado si decide irse a vivir a París por los próximos 20 años o incluso, y ojalá no ocurra, si comete algún delito grave.

Más importante, el inmigrante que se convierte en ciudadano norteamericano puede ejercer el derecho al voto, elegir al presidente, congresistas e incluso presentarse para ciertos trabajos del gobierno al que sólo pueden postular los ciudadanos estadounidenses.

4

110. En general, ¿qué requisitos debo cumplir para poder pedir la ciudadanía norteamericana?

Debe haber sido residente permanente durante tres años si se casó con un ciudadano o ciudadana de los Estados Unidos o por cinco años si ese no es su caso. Aquí lo importante es haber residido, *efectivamente*, durante ese tiempo. Es decir si usted es residente legal pero en los últimos cinco años ha estado fuera del territorio de los Estados Unidos la mayor parte del tiempo entonces usted no cumple con el requisito. Además de esto usted debe aprobar un examen de inglés y uno de conocimientos básicos sobre los Estados Unidos (historia y gobierno). Finalmente no debe tener historial delictivo.

Para pedir la ciudadanía norteamericana debe haber sido residente permanente por un mínimo de cinco años.

111. ¿En qué momento empieza a correr el plazo de los cinco años de residente permanente para poder pedir la ciudadanía?

Observe su *green card* en la línea que dice *"Resident since…"*. Esa fecha indica cuándo usted se convirtió en residente permanente y es también el punto de partida para contar los cinco años que necesita acumular para poder solicitar la ciudadanía norteamericana. Nada tiene que ver cuándo llegó a los Estados Unidos, ni los seis años

4

La fecha que cuenta es cuando usted se convirtió oficialmente en residente permanente y eso lo dice su green card.

que tuvo usted una visa profesional H1B anteriormente. La fecha que cuenta es cuando usted se convirtió oficialmente en residente permanente y eso lo dice su *green card*. Por eso es muy importante que al recibirla usted se asegure que la fecha que allí figure sea la correcta. Con frecuencia se producen errores.

112. Tengo más de 15 años como residente permanente. ¿Aún puedo pedir la ciudadanía?

Por supuesto. Lo único que la ley establece es que usted debe haber estado en el país como residente permanente un mínimo de cinco años, pero después de eso usted es libre de solicitar la naturalización cuando lo desee, si lo desea.

113. Tengo más de cinco años de residente permanente pero hace un par de años tuve un problema y fui arrestado por la policía. ¿Debo incluir esa información en mi solicitud de ciudadanía?

Debe hacerlo obligatoriamente. Usted, especialmente si ya tuvo un arresto, debería contar con asesoría legal. Tenga en cuenta que en algunos casos haber cometido faltas menores

4

(*misdemeanor*) no le impedirá hacerse ciudadano pero el no incluir esa información en su solicitud de ciudadanía sí lo hará y además ello de por sí constituye un delito serio (*perjury*).

114. Sé que un delito que denote "turbidez moral" puede impedir que me haga ciudadano. ¿Cuáles son esos delitos?

Hay muchos y usted debe ser asesorado por un abogado si ha cometido alguno. Por ejemplo, arresto por incumplir pagos de manutención de hijos, delitos relacionados con drogas, etc.

115. Tengo 50 años y he sido residente permanente de los Estados Unidos durante por lo menos un período continuo de 15 años. ¿Debo aprobar el examen de inglés?

Usted será exonerado del examen de inglés pero deberá aprobar el examen de conocimiento sobre los Estados Unidos. Por su edad y el tiempo que ha permanecido en el país se le ofrece la posibilidad de elegir si ese examen desea tomarlo en inglés o español. Si usted tuviera 65 años de edad y un período continuo de residencia permanente de 20 años o más sería exonerado del examen de inglés y se le tomaría una versión

Usted deberá aprobar el examen de conocimiento sobre los Estados Unidos.

4

El proceso de naturalización tarda entre uno y dos años.

más sencilla del examen de conocimiento sobre los Estados Unidos y en el idioma que prefiera.

116. ¿Cuál es el formulario que necesito para solicitar la ciudadanía norteamericana?

Es el formulario N-400 que puede obtener en la página de Internet del CIS, www.uscis.gov. Los derechos que debe pagar, vigentes al momento de imprimirse este libro, son US $260 dólares más $50 para procesar sus huellas digitales. Pero esto puede cambiar en cualquier momento.

117. ¿Cuánto tarda el proceso de naturalización?

Entre uno y dos años. El recién creado CIS (*Citizenship and Immigration Service*) que reemplazó al INS tiene entre una de sus prioridades acelerar los trámites de ciudadanía y que el proceso no demore, idealmente, más de seis ó nueve meses. Sin embargo, después del 11 de septiembre se han reforzado aún más los mecanismos de seguridad interna y ello ha causado mayores demoras.

4

118. Ya aprobé el examen de ciudadanía. ¿Quiere decir que ya soy ciudadano de los Estados Unidos?

Aún no. Usted se convertirá en ciudadano cuando tome juramento a la bandera de los Estados Unidos y reciba su certificado de naturalización. Con ese certificado, que deberá guardar en un lugar seguro, usted también podrá obtener su pasaporte norteamericano.

Usted se convertirá en ciudadano cuando tome juramento a la bandera de los Estados Unidos y reciba su certificado de naturalización.

119. ¿Qué pasa si no puedo asistir al examen de ciudadanía o a la ceremonia de juramentación?

Primero usted recibirá, con suficiente anticipación, una carta indicándole el día y hora en que deberá presentarse. Si por alguna razón de fuerza mayor no le es posible cumplir, deberá hacer una copia de dicha carta, para usted, y enviar de regreso la carta original junto con una explicación de su ausencia. La experiencia recomienda que usted no pierda esas importantes citas. Usted podría tener que esperar mucho tiempo antes de recibir una nueva cita.

4

*Podrá
solicitar la
ciudadanía
nuevamente
tan pronto
considere que
ya está
preparado.*

120. ¿Qué pasa si mi solicitud de ciudadanía e: negada?

Usted puede pedir una apelación. La carta que usted recibirá le indicará cómo hacerlo. Si usted no aprobó el examen de inglés o el de conocimientos sobre los Estados Unidos podrá solicitar la ciudadanía nuevamente tan pronto considere que ya está preparado. En otros casos la carta de negación le indicará cuando usted puede presentar una nueva solicitud.

3 1143 00750 3577

4

GLOSARIO BASICO

Affidavit of Support:
Declaración de sostenimiento
económico.

Alien Number:
Número de extranjero
residente.

American Citizen:
Ciudadano de los Estados
Unidos.

CIS:
*Citizenship and Immigration
Service*, Servicio de
Ciudadanía e Inmigración. Es
la organización del gobierno
que reemplazó al INS,
*Immigration and
Naturalization Service*.

B1-B2:
Visa de no inmigrante para
turismo o visita de negocios.

**Diversity Immigrant Visa
Program (DV):**
Programa de diversificación
de visas de inmigrante,
llamado popularmente
"Lotería de Visas".

Green Card:
Tarjeta de residente
permanente. Su nombre se
origina en el color verde de
las primeras tarjetas de
residencia aunque hoy lucen
muy diferentes.

H1B:
Visa de no inmigrante para
profesionales.

F1:
Visa de no inmigrante para
estudiantes académicos.

Immigrant Visa:
Visa de inmigrante.

K1:
Visa para novios/novias de ciudadanos norteamericanos.

L1:
Visa de no inmigrante para traslado internacional de ejecutivos (L1A) o trabajadores especializados (L1B).

Labor Certification:
Certificación Laboral.

Labor Department:
Departamento de Trabajo. Equivalente a una Secretaría o Ministerio de Trabajo.

Non-Immigrant Visa:
Visa de no inmigrante. Hay 26 diferentes clases de visas de no inmigrante.

Notice of Intent of Deny:
Notificación de intento de negación.

Optional Practical Training (OPT):
Entrenamiento práctico opcional.

Parole:
Libertad condicional.

Reentry Permit:
Permiso de reingreso.

Refugee Travel Document:
Documento de viaje para refugiados y asilados.

Removal:
Deportación.

Social Security Card:
Tarjeta de Seguro Social.

Visa Waiver:
Exoneración de visa.

Work Permit:
Permiso de trabajo.

Javier Maza
El Autor de *Guía Práctica de Inmigración*

Javier Maza, presidente de Maza
Communications, Inc., es periodista
profesional y consultor de comunicaciones
con más de 20 años de experiencia. Ha
trabajado en los medios de prensa más importantes de su Perú
natal, habiendo sido conductor de exitosos programas de radio
y televisión así como periodista y analista político del diario
El Comercio, el decano de la prensa peruana.

Maza radica con su familia en Miami desde 1996. Llegó a los
Estados Unidos tras dejar al Perú en medio de la implacable
persecución política que desató el gobierno del presidente
Alberto Fujimori, desde 1995, contra la prensa independiente.

En Miami, Maza ha desarrollado una extensa carrera como
consultor internacional en comunicación corporativa. Ha sido
gerente de comunicaciones de empresas multinacionales tales
como Travel Channel Latinoamérica y Ericsson Latinoamérica y
gerente supervisor de Fleishman-Hillard, una de las más grandes
firmas mundiales de relaciones públicas. Entre otras empresas a
las que ha prestado sus servicios en comunicación corporativa y
media training figuran Procter & Gamble y Cisco Systems. Asesora
también a gobiernos y partidos políticos de Latinoamérica. Para
más información, visite www.mazacommunications.com.

Consejo de revision editorial

El contenido de la *Guía Práctica de Inmigración* ha sido cuidadosamente planificado y revisado por destacados profesionales de nuestra comunidad hispana que integran el Comité de Supervisión Editorial. Ellos son:

Dra. Renata Calderaro

Abogada del prestigioso estudio jurídico Ferrell Schultz Carter & Fertel de Miami, Florida, la doctora Renata Calderaro se dedica a la ley de inmigración y se especializa en visas de negocios y otros procesos migratorios.

Además, cuenta con una vasta experiencia en análisis de contratos para bancos e instituciones financieras así como en litigios comerciales complejos.

Nacida en La Paz, Bolivia, habla castellano con fluidez. Se suma a sus condiciones, la experiencia adquirida trabajando para un Banco Internacional para el cual fue el enlace de las sucursales del Banco en Sudamérica.

Graduada de la facultad de derecho de la Universidad de Miami luego de haber conseguido su licenciatura en Economía y Estudios Internacionales, la Dra. Calderaro es miembro de varias organizaciones profesionales, incluyendo la Asociación Norteamericana de Abogados de Inmigración, el Colegio de Abogados de la Florida, el Colegio de Abogados de Miami-Dade, y el Comité de Inmigración de la Cámara de Comercio del Gran Miami; además, forma parte de la directiva de la Asociación de Abogadas del Estado de la Florida. Puede contactarse con la Dra. Calderaro llamando al 305-582-1948 o enviando un mensaje electrónico a rcalderaro@bellsouth.net.

Dr. Eduardo A. Gamarra

El doctor Eduardo A. Gamarra recibió su doctorado en ciencias políticas de la Universidad de Pittsburg en 1987. Desde 1986 está afiliado con la Universidad Internacional de la Florida en Miami, donde es el actual director del Centro para América Latina y el Caribe, así como profesor titular de ciencias políticas y editor de *Hemisphere*, una revista sobre asuntos caribeños y latinoamericanos.

Dr. Gamarra es autor, coautor y editor de muchos libros, entre los cuales se destacan los siguientes títulos: *Revolution and Reaction: Bolivia 1964-1985* (Transaction Publishers, 1988); tres volúmenes de *Latin America and Caribbean Contemporary Record* (Holmes and Meier Publishers); *Latin American Political Economy in the Age of Neoliberal Reform* (Líen Rienner Publishers 1994); *Democracy Markets and Structural Reform in Latin America; Argentina, Bolivia, Brazil, Chile and Mexico* (Líen Rienner Publishers, 1995); y *Entre la Droga y la Democracia* (Fundación Freiderich Ebert, 1994). Autor de más de 40 artículos sobre Latinoamérica, Dr. Gamarra ha testificado ante el Congreso de los Estados Unidos en políticas relacionadas con la droga y dirigidas hacia Latinoamérica.

Este académico concentra su actual obra de investigación en la economía política del narcotráfico dentro de la región andina y el Caribe, la democratización y las relaciones entre el sector civil y el militar. Para contactar al Dr. Gamarra, por favor envíe un mensaje electrónico a gamarrae@fiu.edu.

Mónica Rabassa

Mónica Rabassa es directora de mercadeo y proyectos especiales en Univisión Radio, Miami. Univisión Radio es el principal grupo radial de lengua española, que es propietario y operador de 66 estaciones radiales en 17 de los mayores mercados hispánicos de los Estados Unidos y Puerto Rico.

Ganadora cuatro veces del premio Emmy por su redacción de programas de asuntos públicos no noticiosos, Rabassa ha trabajado para la radio y la televisión en español durante más de 12 años, tanto en funciones de mercadeo como consultora en el campo de media marketing e investigación.

Rabassa tiene una licenciatura en ciencias empresariales y economía internacional de la Universidad de Harvard y una maestría en ciencias empresariales de la Universidad de Miami, con concentración especial en las implicaciones legales de los negocios. Rabassa ha recibido muchos premios y honores, incluso el galardón Mujer del Año 2003 concedido por la Association of Women in Communications. Para contactar a Rabassa, por favor envíe un mensaje electrónico a mrabassa@bellsouth.net.

A todos ellos nuestro agradecimiento por su valioso aporte y recomendaciones.

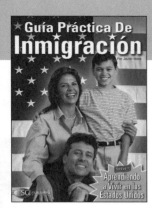

¡Compre

hoy mismo **más copias** de

Guía Práctica de Inmigración!

La *Guía Práctica de Inmigración** está a su alcance por

$9 95

(más gastos de envío**).

Cómo comprar la *Guía Práctica de Inmigración*

1

Por Fax: Para ordenes con tarjetas de credito, complete el formulario de compra al reverso y envíelo por fax al 305-598-1441.

2

Por Teléfono:
Llame gratis al 1-866-SU-LIBRO (1-866-785-4276). Tenga lista su tarjeta de crédito Visa o MasterCard.

3

Por Correo Electrónico:
Visitar al www.sglpublishing.com. Se acepta Visa y MasterCard.

4

Por Correo: Llene y envie el formulario de compra al reverso con su money order a nombre de
SGL Publishing, Inc.
P.O. Box 56-5265
Miami, FL 33256-5265

Se aplican descuentos a las órdenes de más de 10 libros. Para más información llamar al 1-866-SU-LIBRO. En Miami, Florida, favor de llamar al 305-598-9630.

La *Guía Práctica de Inmigración* está a su alcance hoy por $9.95 cada uno (más gastos de envio**).

Favor de llenar los espacios requeridos. De no llenarlos la información no será procesada. Favor usar letra de molde.

Nombre Completo _____

Nombre Compañía _____

Título/Posición _____

Dirección _____

Ciudad _____

Estado_____

País _____

Código Postal _____

Teléfono-Día_____

Teléfono-Noche _____

Correo Electrónico _____

**Gastos de envio
Dentro de los Estados Unidos, por favor añadir US$3.95 por el primer libro y US$2.00 por cada libro adicional.
Fuera de los Estados Unidos, por favor añadir US$8.95 por el primer libro y US$4.95 por cada libro adicional.

Impuestos a las Ventas
Añadir 7% para órdenes con direcciones en la Florida, USA.

___ Cantidad de Libros @ $9.95 cada uno_____

**Gastos de envio _____

Impuestos (7% en la Florida) _____

TOTAL _____

Método de Pago

❏ MasterCard

❏ VISA

❏ Money Order, a nombre de SGL Publishing Inc.

Por favor, envíe este formulario con su money order a:
SGL Publishing, Inc.
P.O. Box 56-5265
Miami, Florida 33256-5265
USA

Número de Tarjeta:_____

Fecha de Expiración: Mes _____ Año _____

Yo autorizo a cargar a mi tarjeta de crédito la cantidad de: _____

Firma:_____